团 体 标 准

公路桥梁缆索用锌-铝合金镀层钢丝

Zinc-aluminum Alloy Coated Steel Wires for Highway Bridge Cables

T/CHTS 20007—2019

主编单位：江苏法尔胜缆索有限公司
发布单位：中国公路学会
实施日期：2019 年 10 月 31 日

图书在版编目(CIP)数据

公路桥梁缆索用锌-铝合金镀层钢丝：T/CHTS 20007—2019 / 江苏法尔胜缆索有限公司主编. — 北京：人民交通出版社股份有限公司，2019.11
 ISBN 978-7-114-15927-5

Ⅰ.①公… Ⅱ.①江… Ⅲ.①公路桥—缆索—铝合金—金属复合材料—中国 Ⅳ.①U448.144

中国版本图书馆 CIP 数据核字(2019)第 235537 号

标准类型：	团体标准
	Gonglu Qiaoliang Lansuo Yong Xin-Lü Hejin Duceng Gangsi
标准名称：	**公路桥梁缆索用锌-铝合金镀层钢丝**
标准编号：	T/CHTS 20007—2019
主编单位：	江苏法尔胜缆索有限公司
责任编辑：	郭红蕊　韩亚楠
责任校对：	孙国靖　扈　婕
责任印制：	张　凯
出版发行：	人民交通出版社股份有限公司
地　　址：	(100011)北京市朝阳区安定门外外馆斜街 3 号
网　　址：	http://www.ccpress.com.cn
销售电话：	(010)59757973
总 经 销：	人民交通出版社股份有限公司发行部
经　　销：	各地新华书店
印　　刷：	北京市密东印刷有限公司
开　　本：	880×1230　1/16
印　　张：	1.5
字　　数：	34 千
版　　次：	2019 年 11 月　第 1 版
印　　次：	2019 年 11 月　第 1 次印刷
书　　号：	ISBN 978-7-114-15927-5
定　　价：	200.00 元

(有印刷、装订质量问题的图书由本公司负责调换)

中国公路学会文件

公学字〔2019〕127号

中国公路学会关于发布
《公路桥梁缆索用锌-铝合金镀层钢丝》的公告

现发布中国公路学会标准《公路桥梁缆索用锌-铝合金镀层钢丝》(T/CHTS 20007—2019),自2019年10月31日起实施。

《公路桥梁缆索用锌-铝合金镀层钢丝》(T/CHTS 20007—2019)的版权和解释权归中国公路学会所有,并委托主编单位江苏法尔胜缆索有限公司负责日常解释和管理工作。

中国公路学会

2019年10月28日

T/CHTS 20007—2019

前 言

本标准针对目前公路桥梁缆索用锌-铝合金镀层钢丝设计、生产、验收、应用情况,结合生产实践和国内多个项目的应用情况编制而成。

本标准按照《中国公路学会标准编写规则》(T/CHTS 10001)编写,共分 8 章和 2 个附录,主要内容包括:范围,规范性引用文件,术语和符号,分类、型号与规格,技术要求,试验方法,检验规则,包装、标志、运输和储存。

本标准实施过程中,请将发现的问题和对标准的意见、建议反馈至江苏法尔胜缆索有限公司(地址:江苏省江阴市璜土镇镇澄路 3456 号;联系电话:0510-86053610;电子邮箱:247712978@qq.com),供修订时参考。

本标准由江苏法尔胜缆索有限公司提出,受中国公路学会委托,由江苏法尔胜缆索有限公司负责具体解释工作。

主编单位:江苏法尔胜缆索有限公司

参编单位:江苏东纲金属制品有限公司、国家钢丝绳产品质量监督检验中心、江苏法尔胜集团有限公司、深中通道管理中心、中铁大桥局集团物资有限公司

主要起草人:赵军、薛花娟、陈伟乐、朱晓雄、吴澎、宋神友、陈建峰、吴玲正、姚志安、卢靖宇、郑斐城、缪盛凯、严生平、章盛、刘金、周祝兵、王志刚、夏浩成、范传斌、祝灿文

主要审查人:李彦武、周海涛、秦大航、鲍卫刚、侯金龙、吴玉刚、钟建驰、赵君黎、张海良、韩亚楠

T/CHTS 20007—2019

目　次

1 范围 … 1
2 规范性引用文件 … 2
3 术语和符号 … 3
　3.1 术语 … 3
　3.2 符号 … 3
4 分类、型号与规格 … 4
　4.1 分类 … 4
　4.2 型号 … 4
　4.3 规格 … 4
5 技术要求 … 6
　5.1 材料 … 6
　5.2 外观 … 6
　5.3 工艺 … 6
　5.4 直线性 … 6
　5.5 力学性能 … 6
　5.6 镀层性能 … 8
6 试验方法 … 9
　6.1 外观和尺寸检验 … 9
　6.2 力学性能试验 … 9
　6.3 镀层性能试验 … 9
　6.4 数值修约 … 10
7 检验规则 … 11
　7.1 检验分类 … 11
　7.2 型式检验和型式检验项目 … 11
　7.3 复验与判定规则 … 12
8 包装、标志、运输和储存 … 13
　8.1 包装 … 13
　8.2 标志 … 13
　8.3 运输和储存 … 13
附录 A（规范性附录）　脉动拉伸疲劳试验方法 … 14
附录 B（规范性附录）　数值修约方法 … 15
用词说明 … 16

公路桥梁缆索用锌-铝合金镀层钢丝

1 范围

本标准规定了公路桥梁缆索用锌-铝合金镀层钢丝的术语和符号，分类、型号与规格，技术要求，试验方法，检验规则，包装、标志、运输和储存等。

本标准适用于悬索桥主缆及吊索、斜拉桥斜拉索、拱桥吊索和系杆索等承重索用钢丝，其他结构缆索用钢丝可参照使用。

2 规范性引用文件

下列文件对于本文件的应用是必不可少的。凡是注明日期的引用文件，仅注明日期的版本适用于本文件。凡是不注明日期的引用文件，其最新版本（包括所有的修改单）适用于本文件。

GB/T 228.1　　　　金属材料 拉伸试验 第1部分：室温试验方法
GB/T 238　　　　　金属材料 线材 反复弯曲试验方法
GB/T 239.1　　　　金属材料线材 第1部分：单向扭转试验方法
GB/T 470　　　　　锌锭
GB/T 1839　　　　 钢产品镀锌层质量试验方法
GB/T 2103　　　　 钢丝验收、包装、标志及质量证明书的一般规定
GB/T 2972　　　　 镀锌钢丝锌层硫酸铜试验方法
GB/T 2976　　　　 金属材料线材缠绕试验方法
GB/T 8170　　　　 数值修约规则
GB/T 12689.1　　　锌及锌合金化学分析方法 第1部分：铝量的测定 铬天青S-聚乙二醇辛基苯基醚-溴化十六烷基吡啶分光光度法、CAS分光光度法和EDTA滴定法
GB/T 12689.12　　 锌及锌合金化学分析方法 铅、镉、铁、铜、锡、铝、砷、锑、镁、镧、铈量的测定 电感耦合等离子体—发射光谱法
GB/T 21839　　　 预应力混凝土用钢材试验方法
YB/T 4264　　　　 桥梁缆索钢丝用热轧盘条
YS/T 310　　　　　热镀用锌合金锭

3 术语和符号

3.1 术语

3.1.1 锌-铝合金镀层钢丝 zinc-aluminum alloy coated steel wires

在锌-铝合金熔池中,将光面钢丝外表热镀锌-铝合金层的钢丝。

3.2 符号

d_n——钢丝公称直径(mm);
S_n——钢丝公称截面积(mm^2);
h_b——矢高(mm);
F_m——规定的公称最大拉力(N);
$R_{p0.2}$——0.2%规定塑性延伸强度(MPa);
R_m——公称抗拉强度(MPa);
A——断后伸长率(%);
F_a——脉动应力幅的荷载值(N)。

4 分类、型号与规格

4.1 分类

4.1.1 锌-铝合金镀层钢丝按直径分为 φ5mm、φ6mm 及 φ7mm 三个系列。

4.1.2 锌-铝合金镀层钢丝按抗拉强度分为 1770MPa 级、1860MPa 级、1960MPa 级、2000MPa 级。

4.1.3 锌-铝合金镀层钢丝按松弛性能分为 Ⅰ 级松弛和 Ⅱ 级松弛。

4.1.4 锌-铝合金镀层钢丝按镀层质量分为 A 类（300g/m²～410g/m²）、B 类（190g/m²～300g/m²）。

注：对于钢丝直径较大的悬索桥主缆、斜拉索、吊索等宜采用 A 类钢丝。对于钢丝直径较小、钢丝根数较多的悬索桥主缆，考虑到镀层对索夹抗滑移的影响，可采用 B 类钢丝。

4.2 型号

4.2.1 钢丝型号包括以下内容：

1 公称直径。

2 公称抗拉强度。

3 松弛等级。

4 镀层质量类别。

5 标准号。

示例1：公称直径为 φ5.00mm，抗拉强度级别为 1960MPa，Ⅰ 级松弛的锌-铝合金镀层钢丝，镀层质量类别为 A 类，其型号表示为 φ5.00-1960-Ⅰ-A-××××（标准号）。

示例2：公称直径为 φ7.00mm，抗拉强度级别为 2000MPa，Ⅱ 级松弛的锌-铝合金镀层钢丝，镀层质量类别为 A 类，其型号表示为 φ7.00-2000-Ⅱ-A-××××（标准号）。

4.3 规格

4.3.1 锌-铝合金镀层钢丝尺寸及允许偏差应符合表 4.3.1 的要求。

表 4.3.1 锌-铝合金镀层钢丝的尺寸和允许偏差

系 列	公称直径 d_n (mm)	直径允许偏差 (mm)	不圆度 (mm)	公称截面积 S_n (mm²)	每米理论计算质量 (g/m)
φ5mm	5.00	±0.06	≤0.06	19.6	153.3
	5.10			20.4	159.5
	5.20			21.2	165.9
	5.30			22.1	172.3
	5.40			22.9	178.9
	5.50			23.8	185.6

表 4.3.1(续)

系 列	公称直径 d_n (mm)	直径允许偏差 (mm)	不圆度 (mm)	公称截面积 S_n (mm²)	每米理论计算质量 (g/m)
φ5mm	5.60	±0.06	≤0.06	24.6	192.4
	5.70			25.5	199.3
	5.80			26.4	206.3
	5.90			27.3	213.5
φ6mm	6.00			28.3	220.8
	6.10			29.2	228.2
	6.20			30.2	235.8
φ7mm	7.00	±0.07	≤0.07	38.5	300.6

注:1. 锌-铝合金镀层钢丝公称直径、公称截面积、每米理论计算质量均应包含镀层在内。
2. 每米理论计算质量不包括直径偏差引起的变化,计算时,锌-铝合金镀层钢丝的参考密度取 7.81g/cm³。

5 技术要求

5.1 材料

5.1.1 制造钢丝用的高碳钢盘条应符合《桥梁缆索钢丝用热轧盘条》(YB/T 4264)的规定。

5.1.2 锌锭及锌-铝合金锭应符合以下规定：

1 锌锭应符合《锌锭》(GB/T 470)中的有关规定。

2 锌-铝合金锭应符合《热镀用锌合金锭》(YS/T 310)中的有关规定。

5.2 外观

5.2.1 锌-铝合金镀层钢丝表面镀层应连续、均匀、光滑，不应有肉眼可见的损伤、脱镀等缺陷。

5.3 工艺

5.3.1 钢丝应在拉拔后进行热镀锌、热镀锌-铝合金。

5.3.2 钢丝经热镀后需要根据最终产品的松弛要求进行相应的后处理。

5.3.3 锌-铝合金镀层钢丝整卷长度内不得有任何形式的接头存在，在制造过程中的焊接头应在成品中切除。

5.4 直线性

5.4.1 锌-铝合金镀层钢丝长度方向应顺直，不应有弯折、扭曲等情况。

5.4.2 取长度5m的锌-铝合金镀层钢丝放置于光滑平整的地面上，一端接触地面，另一端翘离地面的高度不应大于150mm。

5.4.3 取弦长1m的锌-铝合金镀层钢丝平放于地面，其自然矢高 h_b 不应大于25mm，如图5.4.3所示。

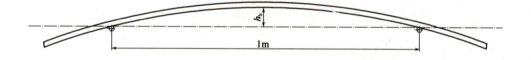

图5.4.3 自然矢高的测量

5.5 力学性能

5.5.1 锌-铝合金镀层钢丝的力学性能应符合表5.5.1-1~表5.5.1-3的要求。

表 5.5.1-1　φ5mm 系列锌-铝合金镀层钢丝的力学性能

序号	项　目		单位	技　术　指　标			
1	抗拉强度		MPa	≥1770	≥1860	≥1960	≥2000
2	规定塑性延伸强度 $R_{p0.2}$	Ⅰ级松弛	MPa	≥1420	≥1490	≥1570	≥1600
		Ⅱ级松弛		≥1580	≥1660	≥1750	≥1790
	疲劳试验		—	应力上限 $0.45R_m$,200 万次不断裂			
3	弹性模量		MPa	$(2.0\pm0.1)\times10^5$			
4	断后伸长率 A(标距 250mm)		%	≥4.0			
5	扭转试验		次/360°	≥14	≥14	≥14	≥12
6	缠绕试验		圈	$3d_n\times8$ 圈,不断裂			
7	反复弯曲试验		次	≥4(弯曲圆弧半径为 15mm)			
8	松弛性能(1000h,在 $0.70F_m$ 的荷载下,20℃)	Ⅰ级松弛	%	≤7.5			
		Ⅱ级松弛		≤2.5			

表 5.5.1-2　φ6mm 系列锌-铝合金镀层钢丝的力学性能

序号	项　目		单位	技　术　指　标			
1	抗拉强度		MPa	≥1770	≥1860	≥1960	≥2000
2	规定塑性延伸强度 $R_{p0.2}$	Ⅰ级松弛	MPa	≥1420	≥1490	≥1570	≥1600
		Ⅱ级松弛		≥1580	≥1660	≥1750	≥1790
	疲劳试验		—	应力上限 $0.45R_m$,200 万次不断裂			
3	弹性模量		MPa	$(2.0\pm0.1)\times10^5$			
4	断后伸长率 A(标距 250mm)		%	≥4.0			
5	扭转试验		次/360°	≥14	≥14	≥12	≥10
6	缠绕试验		圈	$3d_n\times8$ 圈,不断裂			
7	反复弯曲试验		次	≥4(弯曲圆弧半径为 15mm)			
8	松弛性能(1000h,在 $0.70F_m$ 的荷载下,20℃)	Ⅰ级松弛	%	≤7.5			
		Ⅱ级松弛		≤2.5			

表 5.5.1-3　φ7mm 系列锌-铝合金镀层钢丝的力学性能

序号	项　目		单位	技　术　指　标			
1	抗拉强度		MPa	≥1770	≥1860	≥1960	≥2000
2	规定塑性延伸强度 $R_{p0.2}$	Ⅰ级松弛	MPa	≥1420	≥1490	≥1570	≥1600
		Ⅱ级松弛		≥1580	≥1660	≥1750	≥1790
	疲劳试验		—	应力上限 $0.45R_m$,200 万次不断裂			
3	弹性模量		MPa	$(2.0\pm0.1)\times10^5$			
4	断后伸长率 A(标距 250mm)		%	≥4.0			
5	扭转试验		次/360°	≥12	≥12	≥8	≥8
6	缠绕试验		圈	$3d_n\times8$ 圈,不断裂			

表 5.5.1-3（续）

序号	项 目		单位	技 术 指 标
7	反复弯曲试验		次	≥5（弯曲圆弧半径为 20mm）
8	松弛性能（1000h，在 0.70F_m 的荷载下，20℃）	Ⅰ级松弛	%	≤7.5
		Ⅱ级松弛		≤2.5
注：锌-铝合金镀层钢丝的抗拉强度和规定塑性延伸强度的计算面积均采用公称截面积。				

5.6 镀层性能

5.6.1 锌-铝合金镀层钢丝镀层中的铝含量应为 4.2%～7.2%。

5.6.2 锌-铝合金镀层钢丝的附着性和均匀性应符合以下要求：

1 经 $5d_n×8$ 圈的镀层附着性试验后，螺旋圈的外侧镀层用手指刮擦后不得产生剥落。

2 经硫酸铜溶液浸泡两次（每次时间 45s）后，不应出现光亮沉积层和橙红色铜的黏附。

6 试验方法

6.1 外观和尺寸检验

6.1.1 锌-铝合金镀层钢丝的外观应采用目测方法进行检查。

6.1.2 锌-铝合金镀层钢丝直径的测量应采用精度为0.01mm的千分尺,应在同一截面相互垂直的两个方向上测量,取平均值。

6.1.3 锌-铝合金镀层钢丝不圆度的测量应采用精度为0.01mm的千分尺,取同一截面上直径的最大值和最小值的差值。

6.1.4 锌-铝合金镀层钢丝自由翘头高度和自然矢高的测量应采用最小分度值为1mm的钢尺。

6.2 力学性能试验

6.2.1 钢丝的抗拉强度、规定塑性延伸强度、断后伸长率试验应按《金属材料 拉伸试验 第1部分:室温试验方法》(GB/T 228.1)的规定进行。计算强度采用公称截面积。

6.2.2 疲劳试验应按附录A的要求进行。

6.2.3 弹性模量试验应按《预应力混凝土用钢材试验方法》(GB/T 21839)的规定进行。

6.2.4 钢丝的扭转试验应按照《金属材料 线材 第1部分:单向扭转试验方法》(GB/T 239.1)的规定进行,标距为$100d_n$,扭转测试转速应不大于30r/min。

6.2.5 钢丝缠绕试验应按《金属材料 线材 缠绕试验方法》(GB/T 2976)的规定进行。

6.2.6 钢丝反复弯曲试验应按《金属材料 线材 反复弯曲试验方法》(GB/T 238)的规定进行。

6.2.7 在型式检验中,松弛试验应按《预应力混凝土用钢材试验方法》(GB/T 21839)的规定进行,持续时间1000h。出厂检验中,在保证1000h型式试验松弛合格的基础上,也可采用至少120h的试验数据推算1000h的松弛值。

6.3 镀层性能试验

6.3.1 镀层质量试验应按《钢产品镀锌层质量试验方法》(GB/T 1839)的规定进行。

6.3.2 镀层中的铝含量可按《锌及锌合金化学分析方法 第1部分:铝量的测定 铬天青S-聚乙二醇辛基苯基醚-溴化十六烷基吡啶分光光度法、CAS分光光度法和EDTA滴定法》(GB/T 12689.1)或《锌及锌合金化学分析方法 铅、镉、铁、铜、锡、铝、砷、锑、镁、镧、铈量的测定 电感耦合等离子体—发射光谱法》(GB/T 12689.12)中的规定进行,当出现异议时,应按《锌及锌合金化学分析方法 第1部分:铝量的测定 铬天青S-聚乙二醇辛基苯基醚-溴化十六烷基吡啶分光光度法、CAS分光光度法和EDTA滴定法》(GB/T 12689.1)中的EDTA滴定法仲裁。

6.3.3 镀层附着性试验应按《金属材料线材缠绕试验方法》(GB/T 2976)的规定进行。

6.3.4 镀层均匀性试验应按《镀锌钢丝锌层硫酸铜试验方法》(GB/T 2972)的规定进行。

6.4 数值修约

6.4.1 数值修约应按附录 B 的规定进行。

7 检验规则

7.1 检验分类

7.1.1 锌-铝合金镀层钢丝的检验分为型式检验和出厂检验。

7.1.2 通常有下列情况之一时,应进行型式检验:

1 生产线搬迁后,生产的试制定型检验。

2 正式生产后,如材料、工艺有较大的改变,可能影响产品质量及性能时。

3 产品长期停产后,恢复生产时。

4 本次出厂检验结果与上一次型式检验有较大差异时。

5 质量监督机构提出进行型式检验要求时。

6 其他情况时。

7.1.3 出厂检验为生产单位在每批产品出厂前进行的厂内产品质量检验。

7.2 型式检验和型式检验项目

7.2.1 锌-铝合金镀层钢丝应成批验收,每批由同一炉号、同一规格、同一生产工艺制造的钢丝组成。

7.2.2 型式检验和出厂检验项目和数量应按表7.2.2的规定进行。

表7.2.2 型式检验和出厂检验项目

序号	检验项目	技术要求	检验方法	型式检验	型式检验取样数量	出厂检验	出厂检验取样数量
1	直径	4.3.1	6.1.2	+	3根	+	每盘取1根
2	不圆度	4.3.1	6.1.3	+		+	
3	外观	5.2.1	6.1.1	+		+	
4	抗拉强度	5.5.1	6.2.1	+	1根	+	每10盘取1根
5	断后伸长率	5.5.1	6.2.1	+		+	
6	规定塑性延伸强度	5.5.1	6.2.1	+	3根	+	
7	弹性模量	5.5.1	6.2.3	+		+	
8	扭转试验	5.5.1	6.2.4	+		+	
9	缠绕试验	5.5.1	6.2.5	+		+	
10	反复弯曲	5.5.1	6.2.6	+		+	
11	直线性	5.4.	6.1.4	+		+	
12	镀层重量	4.1.4	6.3.1	+		+	
13	铝含量	5.6.1	6.3.2	+		+	
14	镀层附着力	5.6.2	6.3.3	+		+	

表 7.2.2（续）

序号	检验项目		技术要求	检验方法	型式检验	型式检验取样数量	出厂检验	出厂检验取样数量
15	镀层均匀性		5.6.2	6.3.4	＋	3根	＋	每10盘取1根
16	疲劳性能		5.5.1	6.2.2	＋		＋	每2000t取1根
17	松弛率	120h	5.5.1	6.2.7	－	－	＋	Ⅰ级：每1000t取1根 Ⅱ级：每500t取1根
		1000h	5.5.1	6.2.7	＋	1根	－	－

注：1."＋"为检验，"－"为不检验。
　　2.同一批中不足10盘，按10盘取样。
　　3.松弛试验和疲劳试验在交货不足取样数量时，供方提供12个月内同类产品的试验报告。

7.3 复验与判定规则

7.3.1 在检验中，如有一项不合格，则该盘不合格，应重新从同批次中未检验过的其他盘钢丝中取双倍数量试样进行该不合格项的复验。

7.3.2 复验产品的判定规则应按《钢丝验收、包装、标志及质量证明书的一般规定》(GB/T 2103)的规定进行。

8 包装、标志、运输和储存

8.1 包装

8.1.1 φ5mm、φ6mm 系列采用最小内径 1500mm 无轴包装;φ7mm 系列采用最小内径 1700mm 无轴包装。外包装不应损伤锌-铝合金镀层钢丝。

8.2 标志

8.2.1 锌-铝合金镀层钢丝的标签应提供以下信息:

1. 公称直径。
2. 公称抗拉强度。
3. 松弛等级。
4. 镀层类型。
5. 卷号。
6. 重量。
7. 长度。
8. 标准号。
9. 制造日期。
10. 制造单位。

8.3 运输和储存

8.3.1 锌-铝合金镀层钢丝在运输过程中应避免损伤、污染、腐蚀。

8.3.2 锌-铝合金镀层钢丝应储存在干燥、清洁的室内,防止锈蚀。

附录 A（规范性附录） 脉动拉伸疲劳试验方法

A.1 试验原理

A.1.1 使试样承受两种负荷（预定的脉动拉伸最大负荷和最小负荷）之间的脉动拉伸应力。

A.2 试样

A.2.1 形式。疲劳试验应取成品钢丝。

A.2.2 尺寸。两个夹具之间的试样尺寸应大于140mm。

A.3 试验条件

A.3.1 试验温度应为23℃±5℃。

A.3.2 钢丝应能承受200万次 $0.45F_m \sim (0.45F_m - 2\Delta F_a)$ 的荷载后而不断裂,其中应力幅值＝ $2\Delta F_a / S_n$。根据钢丝的分类、强度级别,抗拉强度1770MPa、1860MPa、1960MPa、2000MPa的钢丝应力幅值分别为360MPa、360MPa、410MPa、410MPa。

A.3.3 在试验的全过程中,脉动拉伸的最大负荷和最小负荷应保持恒定值。负荷的控制精度应大于等于1%。

A.3.4 负荷循环变化频率为恒定,不应超过120Hz。所有应力应呈轴向传递给试样,不应有钳口和缺口影响,试样不应有滑移。

A.3.5 试样在夹头内或夹持区域内3倍的钢丝公称直径断裂时,本次试验无效。当实际负荷循环次数已到达或超过规定值,允许将试验结果视为有效。

附录 B（规范性附录） 数值修约方法

B.1 化学成分

B.1.1 化学成分分析所得元素的实测数值，应经修约使其数值所标识的数位与相应产品标准或有关文件规定的化学成分数值所标识的数位一致。

B.2 力学性能

B.2.1 如标准或有关文件未规定修约间隔，则拉伸试验结果应按表 B.2.1 的规定进行修约。

表 B.2.1 钢丝拉伸试验数值的修约间隔

测试项目	修约间隔
抗拉强度规定非比例伸长应力	10MPa
断裂伸长率	0.5%

B.3 其他力学性能或性能试验

B.3.1 其他力学性能或物理性能试验所得测定值或其计算值的修约，可按相应的试验方法标准的规定进行修约。

B.3.2 如结果数值所标识的数位与产品标准或有关文件规定的指标或参数数值所标识的数位不一致时，修约和判定时应按《数值修约规则》(GB/T 8170)中 3.3.2 规定的步骤进行。

用 词 说 明

1 本规程执行严格程度的用词,采用下列写法:
1) 表示严格,在正常情况下均应这样做的用词,正面词采用"应",反面词采用"不应"或"不得"。
2) 表示允许稍有选择,在条件许可时首先应这样做的用词,正面词采用"宜",反面词采用"不宜"。
3) 表示有选择,在一定条件下可以这样做的用词,采用"可"。
2 引用标准的用语采用下列写法:
1) 在标准条文及其他规定中,当引用的标准为国家标准或行业标准时,应表述为"应符合《××××××》(×××)的有关规定"。
2) 当引用标准中的其他规定时,应表述为"应符合本规程第×章的有关规定""应符合本规程第×.×节的有关规定""应按本规程第×.×.×条的有关规定执行"。